화엄경 제56권 (이세간품) 해설

화엄경 제56권에는 보살마하살의 열 가지 무애용과, 10종 유희, 경계, 력(力), 무외(無畏), 불공법(不共法), 업(業), 신(身), 신업(身業), 어(語), 어업(語業), 사(事), 대사(大事), 심(心), 발심(發心), 주변심(周徧心), 근(根), 심심(甚深), 증상심심(增上甚深), 근수(勤修), 결정해(決定解), 습기(習氣), 취(取), 수(修), 성취불법(成就佛法), 퇴실불법(退失佛法), 이생도(離生道) 등 여러 가지 행과 법을 익힌다.

열 가지 걸림 없는 작용은:
① 중생무애용, ② 국토, ③ 법, ④ 선, ⑤ 원, ⑥ 경계, ⑦ 지, ⑧ 신통, ⑨ 신통력, ⑩ 력(力) 무외가 그것이고,

열 가지 이생도는:
① 반야로써 일체를 관찰하고,
② 모든 견해를 여의어 일체 중생을 얽힘에서 벗겨주는 것이고,
③ 모든 상을 생각하지 않아 중생들에게 집착을 벗겨주는 것이고,
④ 3계를 초월 일체 세계와 항상 같이 하는 것이고,
⑤ 영원히 번뇌를 떠났으나 중생들과 함께하는 것이고,
⑥ 욕심을 떠났으나 대비로써 중생을 구제하는 것이고,
⑦ 항상 적정락에 들어 있으면서도 권속을 외면하지 않는 것이고,
⑧ 세간을 여의였으나 생사 속에서 보살행을 하는 것이고,
⑨ 세간법에 물들지 않고 세간일을 하는 것이고,
⑩ 부처님의 깨달음 속에서 보살의 원행을 실천 하는 것이다.

離世間品 第三十八之四

大方廣佛華嚴經

佛子야 菩薩摩訶薩이 有十種無礙하니 所謂衆生無礙와 國土無礙와 法無礙와 身無礙와 願無礙와 境界無礙와 智無礙와 神通無礙와 神力無礙와 力用無礙와 力用無礙와

說설	想상	衆중	等등	訶하	衆중	
法법	所소	生생	爲위	薩살	生생	佛불
未미	持지	無무	十십	有유	等등	子자
曾증	無무	礙애	所소	十십	無무	云운
失실	礙애	用용	謂위	種종	礙애	何하
時시	用용	知지	知지	衆중	用용	爲위
無무	爲위	一일	一일	生생	佛불	菩보
礙애	一일	切체	切체	無무	子자	薩살
用용	切체	衆중	衆중	礙애	菩보	摩마
普보	衆중	生생	生생	用용	薩살	訶하
化화	生생	但단	無무	何하	摩마	薩살

大方廣佛華嚴經

現(현) 一(일) 切(체) 衆(중) 生(생) 界(계) 無(무) 礙(애) 用(용) 置(치) 一(일)

切(체) 衆(중) 生(생) 於(어) 一(일) 毛(모) 孔(공) 中(중) 而(이) 不(불) 迫(박)

隘(애) 無(무) 礙(애) 用(용) 爲(위) 一(일) 切(체) 衆(중) 生(생) 示(시) 現(현)

他(타) 方(방) 一(일) 切(체) 世(세) 界(계) 令(영) 其(기) 悉(실) 見(견) 無(무)

礙(애) 用(용) 爲(위) 一(일) 切(체) 衆(중) 生(생) 示(시) 現(현) 釋(석) 梵(범)

護(호) 世(세) 諸(제) 天(천) 身(신) 無(무) 礙(애) 用(용) 爲(위) 一(일) 切(체)

衆(중) 生(생) 示(시) 現(현) 聲(성) 聞(문) 辟(벽) 支(지) 佛(불) 寂(적) 靜(정)

사경의 공덕은 십만억 부처님께 공양한 것과 같은 공덕이 있습니다.

威	現	生	智	十		國
儀	菩	示	力		佛	土
無	薩	現	成		子	無
礙	行	諸	等		菩	礙
用	無	佛	正		薩	用
爲	礙	色	覺		摩	何
一	用	身	無		訶	等
切	爲	相	礙		薩	爲
衆	一	好	用		有	十
生	切	一	是		十	所
示	衆	切	爲		種	謂

사경의 공덕은 십만억 부처님께 공양한 것과 같은 공덕이 있습니다.

大方廣佛華嚴經

一(일) 切(체) 刹(찰) 作(작) 一(일) 刹(찰) 無(무) 礙(애) 用(용) 一(일) 切(체)
刹(찰) 入(입) 一(일) 毛(모) 孔(공) 無(무) 礙(애) 用(용) 知(지) 一(일) 切(체)
刹(찰) 無(무) 有(유) 盡(진) 無(무) 礙(애) 用(용) 一(일) 身(신) 結(결) 跏(가)
跗(부) 坐(좌) 充(충) 滿(만) 一(일) 切(체) 刹(찰) 無(무) 礙(애) 用(용) 一(일)
身(신) 中(중) 現(현) 一(일) 切(체) 刹(찰) 無(무) 礙(애) 用(용) 震(진) 動(동)
一(일) 切(체) 刹(찰) 不(불) 令(령) 衆(중) 生(생) 恐(공) 怖(포) 無(무) 礙(애)
用(용) 以(이) 一(일) 切(체) 刹(찰) 莊(장) 嚴(엄) 具(구) 莊(장) 嚴(엄) 一(일)

사경의 공덕은 십만억 부처님께 공양한 것과 같은 공덕이 있습니다.

此차	正정	刹찰	生생	一일	嚴엄	刹찰
普보	刹찰	廣광	無무	衆중	一일	無무
示시	徧변	刹찰	礙애	會회	切체	礙애
一일	諸제	深심	用용	徧변	刹찰	用용
切체	方방	刹찰	一일	一일	無무	以이
衆중	網망	仰앙	切체	切체	礙애	一일
生생	無무	刹찰	小소	佛불	用용	刹찰
無무	量량	覆부	刹찰	刹찰	以이	莊장
礙애	差차	刹찰	中중	示시	一일	嚴엄
用용	別별	側측	刹찰	現현	如여	具구
是시	以이	刹찰	大대	衆중	來래	莊장

사경의 공덕은 십만억 부처님께 공양한 것과 같은 공덕이 있습니다.

法법	用용	法법	一일	法법		爲위
爲위	從종	而이	切체	無무	佛불	十십
他타	般반	亦역	法법	礙애	子자	
解해	若약	不불	入입	用용	菩보	
說설	波바	違위	一일	何하	薩살	
悉실	羅라	衆중	法법	等등	摩마	
令령	蜜밀	生생	一일	爲위	訶하	
開개	出출	心심	法법	十십	薩살	
悟오	生생	解해	入입	所소	有유	
無무	一일	無무	一일	謂위	十십	
礙애	切체	礙애	切체	知지	種종	

사경의 공덕은 십만억 부처님께 공양한 것과 같은 공덕이 있습니다.

用_용	生_생	法_법	相_상	能_능	於_어	礙_애
知_지	皆_개	入_입	無_무	爲_위	一_일	用_용
一_일	得_득	一_일	礙_애	他_타	切_체	以_이
切_체	悟_오	相_상	用_용	說_설	法_법	一_일
法_법	入_입	而_이	知_지	無_무	善_선	切_체
離_리	無_무	能_능	一_일	邊_변	轉_전	法_법
文_문	礙_애	演_연	切_체	法_법	普_보	入_입
字_자	用_용	說_설	法_법	門_문	門_문	一_일
而_이	知_지	無_무	離_리	無_무	字_자	法_법
令_령	一_일	量_량	言_언	礙_애	輪_륜	門_문
衆_중	切_체	法_법	說_설	用_용	無_무	而_이

衆	幻	用	用	法	盡	不
중	환	용	용	법	진	불
生	網	知	知	令	無	相
생	망	지	지	영	무	상
說	無	一	一	諸	礙	違
설	무	일	일	제	애	위
不	量	切	切	衆	用	於
불	량	체	체	중	용	어
可	差	法	法	生	以	不
가	차	법	법	생	이	불
窮	別	無	無	皆	一	可
궁	별	무	무	개	일	가
盡	於	障	有	得	切	說
진	어	장	유	득	체	설
無	無	礙	邊	悟	法	劫
무	무	애	변	오	법	겁
礙	量	際	際	解	悉	說
애	량	제	제	해	실	설
用	劫	猶	無	無	入	不
용	겁	유	무	무	입	불
是	爲	如	礙	礙	佛	窮
시	위	여	애	애	불	궁

사경의 공덕은 십만억 부처님께 공양한 것과 같은 공덕이 있습니다.

用	用	以	一	身	爲
一	一	己	切	無	十
佛	切	身	衆	礙	佛子
身	佛	入	生	用	菩
入	身	一	身	何	薩
一	入	切	入	等	摩
切	一	衆	己	爲	訶
佛	佛	生	身	十	薩
身	身	身	無	所	有
無	無	無	礙	謂	十
礙	礙	礙	用	以	種

사경의 공덕은 십만억 부처님께 공양한 것과 같은 공덕이 있습니다.

大方廣佛華嚴經 10

生	礙	示	邊	眾	一	用
身	用	現	身	生	身	一
於	於	眾	入	無	充	切
一	一	生	三	礙	徧	刹
眾	切	數	昧	用	一	入
生	眾	等	無	於	切	己
身	生	身	礙	一	三	身
現	身	成	用	身	世	無
一	現	正	於	示	法	礙
切	一	覺	一	現	示	用
眾	眾	無	身	無	現	以

사경의 공덕은 십만억 부처님께 공양한 것과 같은 공덕이 있습니다.

以	一	願		衆	示	生
이	일	원		중	시	생
一	切	無	佛	生	現	身
일	체	무	불	생	현	신
切	菩	礙	子	身	法	無
체	보	애	자	신	법	무
佛	薩	用	菩	無	身	礙
불	살	용	보	무	신	애
成	願	何	薩	礙	於	用
성	원	하	살	애	어	용
菩	作	等	摩	用	法	於
보	작	등	마	용	법	어
提	自	爲	訶	是	身	一
리	자	위	하	시	신	일
願	願	十	薩	爲	示	切
원	원	십	살	위	시	체
力	無	所	有	十	現	衆
력	무	소	유	십	현	중
示	礙	謂	十		一	生
시	애	위	십		일	생
現	用	以	種		切	身
현	용	이	종		체	신

사경의 공덕은 십만억 부처님께 공양한 것과 같은 공덕이 있습니다.

大方廣佛華嚴經 12

願원	身신	不불	大대	提리	生생	自자
無무	無무	著착	願원	無무	自자	成성
礙애	礙애	智지	不부	礙애	成성	正정
用용	用용	身신	斷단	用용	阿아	覺각
普보	捨사	以이	無무	於어	耨녹	無무
敎교	棄기	自자	礙애	一일	多다	礙애
化화	自자	在재	用용	切체	羅라	用용
一일	身신	願원	遠원	無무	三삼	隨수
切체	成성	現현	離리	邊변	藐막	所소
衆중	滿만	一일	識식	際제	三삼	化화
生생	他타	切체	身신	劫겁	菩보	衆중

사경의 공덕은 십만억 부처님께 공양한 것과 같은 공덕이 있습니다.

大方廣佛華嚴經 13

一일	一일	於어	願원	礙애	劫겁	而이
句구	衆중	不불	力력	用용	行행	不불
法법	生생	可가	故고	於어	菩보	捨사
徧변	如여	說설	充충	一일	薩살	大대
一일	是시	不불	徧변	毛모	行행	願원
切체	示시	可가	一일	孔공	而이	無무
法법	現현	說설	切체	現현	大대	礙애
界계	無무	世세	諸제	成성	願원	用용
興흥	礙애	界계	佛불	正정	不부	於어
大대	用용	爲위	國국	覺각	斷단	一일
正정	說설	一일	土토	以이	無무	切체

사경의 공덕은 십만억 부처님께 공양한 것과 같은 공덕이 있습니다.

在재	境경		爲위	洽흡	音음	法법
法법	界계	佛불	十십	一일	雨우	雲운
界계	無무	子자		切체	甘감	耀요
境경	礙애	菩보		諸제	露로	解해
界계	用용	薩살		衆중	味미	脫탈
而이	何하	摩마		生생	雨우	電전
不불	等등	訶하		界계	以이	光광
捨사	爲위	薩살		無무	大대	震진
衆중	十십	有유		礙애	願원	實실
生생	所소	十십		用용	力력	法법
境경	謂위	種종		是시	充충	雷뢰

사경의 공덕은 십만억 부처님께 공양한 것과 같은 공덕이 있습니다.

無무	而이	性성	一일	而이	魔마	界계
去거	不불	境경	切체	不불	境경	無무
無무	捨사	界계	智지	捨사	界계	礙애
來래	散산	無무	境경	生생	無무	用용
無무	亂란	礙애	界계	死사	礙애	在재
戲희	境경	用용	而이	境경	用용	佛불
論론	界계	住주	不불	界계	在재	境경
無무	無무	寂적	斷단	無무	涅열	界계
相상	礙애	靜정	菩보	礙애	槃반	而이
狀장	用용	境경	薩살	用용	境경	不불
無무	住주	界계	種종	入입	界계	捨사

사경의 공덕은 십만억 부처님께 공양한 것과 같은 공덕이 있습니다.

解해	化파	入입	捨사	礙애	不불	體체
脫탈	一일	無무	一일	捨사	用용	性성
神신	切체	衆중	切체	住주	一일	無무
通통	衆중	生생	諸제	諸제	切체	言언
明명	生생	際제	方방	力력	衆중	說설
智지	無무	境경	所소	解해	生생	如여
寂적	礙애	界계	境경	脫탈	戲희	虛허
靜정	用용	而이	界계	境경	論론	空공
境경	住주	不불	無무	界계	境경	境경
界계	禪선	捨사	礙애	而이	界계	界계
而이	定정	教교	用용	不불	無무	而이

사경의 공덕은 십만억 부처님께 공양한 것과 같은 공덕이 있습니다.

盡진	智지		佛불	覺각	用용	於어
辯변	無무	佛불	寂적	境경	住주	一일
才재	礙애	子자	靜정	界계	如여	切체
無무	用용	菩보	威위	而이	來래	世세
礙애	何하	薩살	儀의	現현	一일	界계
用용	等등	摩마	無무	一일	切체	示시
一일	爲위	訶하	礙애	切체	行행	現현
切체	十십	薩살	用용	聲성	莊장	受수
總총	所소	有유	是시	聞문	嚴엄	生생
持지	謂위	十십	爲위	辟벽	成성	無무
無무	無무	種종	十십	支지	正정	礙애

사경의 공덕은 십만억 부처님께 공양한 것과 같은 공덕이 있습니다.

入	病	切	衆	於	定	有
입	병	체	중	어	정	유
如	隨	衆	生	一	說	忘
여	수	중	생	일	설	망
來	應	生	心	念	一	失
래	응	생	심	념	일	실
十	授	欲	之	中	切	無
십	수	욕	지	중	체	무
力	藥	樂	所	以	衆	礙
력	약	락	소	이	중	애
無	無	隨	行	無	生	用
무	무	수	행	무	생	용
礙	礙	眠	無	礙	諸	能
애	애	면	무	애	제	능
用	用	習	礙	智	根	決
용	용	습	애	지	근	결
以	一	氣	用	知	無	定
이	일	기	용	지	무	정
無	念	煩	知	一	礙	知
무	념	번	지	일	애	지
礙	能	惱	一	切	用	決
애	능	뇌	일	체	용	결

사경의 공덕은 십만억 부처님께 공양한 것과 같은 공덕이 있습니다.

大方廣佛華嚴經

	切체	業업	用용	覺각	生생	智지
佛불	衆중	無무	於어	示시	無무	知지
子자	生생	礙애	一일	現현	礙애	三삼
菩보	語어	用용	衆중	衆중	用용	世세
薩살	無무	於어	生생	生생	於어	一일
摩마	礙애	一일	想상	無무	念염	切체
訶하	用용	衆중	知지	有유	念념	劫겁
薩살	是시	生생	一일	斷단	中중	及급
有유	爲위	音음	切체	絶절	現현	其기
十십	十십	解해	衆중	無무	成성	中중
種종		一일	生생	礙애	正정	衆중

사경의 공덕은 십만억 부처님께 공양한 것과 같은 공덕이 있습니다.

大方廣佛華嚴經 20

無무	無무	一일	佛불	礙애	於어	神신
礙애	上상	衆중	衆중	用용	一일	通통
用용	菩보	生생	會회	於어	身신	無무
以이	提리	心심	中중	一일	示시	礙애
一일	開개	念념	所소	佛불	現현	用용
音음	悟오	中중	說설	衆중	一일	何하
現현	一일	成성	法법	會회	切체	等등
一일	切체	就취	無무	聽청	世세	爲위
切체	衆중	不불	礙애	受수	界계	十십
世세	生생	可가	用용	一일	身신	所소
界계	心심	說설	於어	切체	無무	謂위

사경의 공덕은 십만억 부처님께 공양한 것과 같은 공덕이 있습니다.

足족	莊장	一일	令영	一일	了료	差차
莊장	嚴엄	微미	諸제	切체	無무	別별
嚴엄	無무	塵진	衆중	劫겁	礙애	言언
無무	礙애	出출	生생	所소	用용	音음
礙애	用용	現현	悉실	有유	一일	令영
用용	令영	廣광	得득	業업	念념	諸제
普보	一일	大대	知지	果과	中중	衆중
入입	切체	佛불	見견	種종	現현	生생
一일	世세	刹찰	無무	種종	盡진	各각
切체	界계	無무	礙애	差차	前전	得득
三삼	具구	量량	用용	別별	際제	解해

사경의 공덕은 십만억 부처님께 공양한 것과 같은 공덕이 있습니다.

善선	覺각	摩마	闥달	用용	切체	世세
根근	菩보	睺후	婆바	善선	諸제	無무
無무	薩살	羅라	阿아	守수	佛불	礙애
礙애	所소	伽가	修수	護호	菩보	用용
用용	有유	釋석	羅라	一일	提리	放방
是시	如여	梵범	迦가	切체	衆중	大대
爲위	來래	護호	樓루	天천	生생	法법
十십	十십	世세	羅라	龍룡	行행	光광
若약	力력	聲성	緊긴	夜야	願원	明명
諸제	菩보	聞문	那나	叉차	無무	現현
菩보	薩살	獨독	羅라	乾건	礙애	一일

사경의 공덕은 십만억 부처님께 공양한 것과 같은 공덕이 있습니다.

切(체)	礙(애)	以(이)	神(신)		切(체)	薩(살)
佛(불)	用(용)	不(불)	力(력)	佛(불)	佛(불)	得(득)
刹(찰)	於(어)	可(가)	無(무)	子(자)	法(법)	此(차)
無(무)	一(일)	說(설)	礙(애)	菩(보)		無(무)
礙(애)	塵(진)	世(세)	用(용)	薩(살)		礙(애)
用(용)	中(중)	界(계)	何(하)	摩(마)		用(용)
以(이)	現(현)	置(치)	等(등)	訶(하)		則(즉)
一(일)	等(등)	一(일)	爲(위)	薩(살)		能(능)
切(체)	法(법)	塵(진)	十(십)	有(유)		普(보)
大(대)	界(계)	中(중)	所(소)	十(십)		入(입)
海(해)	一(일)	無(무)	謂(위)	種(종)		一(일)

사경의 공덕은 십만억 부처님께 공양한 것과 같은 공덕이 있습니다.

衆 중	山 산	用 용	中 중	礙 애	世 세	水 수
生 생	持 지	以 이	示 시	用 용	界 계	置 치
生 생	以 이	一 일	現 현	以 이	而 이	一 일
恐 공	遊 유	毛 모	一 일	不 불	於 어	毛 모
怖 포	行 행	繫 계	切 체	可 가	衆 중	孔 공
心 심	一 일	不 불	神 신	說 설	生 생	周 주
無 무	切 체	可 가	通 통	世 세	無 무	旋 선
礙 애	世 세	數 수	所 소	界 계	所 소	往 왕
用 용	界 계	金 금	作 작	內 내	觸 촉	返 반
以 이	不 불	剛 강	無 무	自 자	嬈 요	十 시
不 불	令 령	圍 위	礙 애	身 신	無 무	方 방

사경의 공덕은 십만억 부처님께 공양한 것과 같은 공덕이 있습니다.

一 일	切 체	變 변	一 일	令 령	說 설	可 가
切 체	世 세	壞 괴	切 체	衆 중	劫 겁	說 설
衆 중	界 계	而 이	世 세	生 생	於 어	劫 겁
生 생	三 삼	不 불	界 계	心 심	中 중	作 작
資 자	災 재	惱 뇌	現 현	有 유	示 시	一 일
生 생	壞 괴	衆 중	水 수	恐 공	現 현	劫 겁
之 지	時 시	生 생	火 화	怖 포	成 성	一 일
具 구	悉 실	無 무	風 풍	無 무	壞 괴	劫 겁
不 불	能 능	礙 애	災 재	礙 애	差 차	作 작
令 령	護 호	用 용	種 종	用 용	別 별	不 불
損 손	持 지	一 일	種 종	於 어	不 불	可 가

사경의 공덕은 십만억 부처님께 공양한 것과 같은 공덕이 있습니다.

力력		悉실	一일	令령	世세	缺결
無무	佛불	得득	切체	衆중	界계	無무
礙애	子자	悟오	刹찰	生생	擲척	礙애
用용	菩보	解해	同동	有유	不불	用용
何하	薩살	無무	於어	驚경	可가	以이
等등	摩마	礙애	虛허	怖포	說설	一일
爲위	訶하	用용	空공	想상	世세	手수
十십	薩살	是시	令영	無무	界계	持지
所소	有유	爲위	諸제	礙애	之지	不부
謂위	十십	十십	衆중	用용	外외	思사
衆중	種종		生생	說설	不불	議의

사경의 공덕은 십만억 부처님께 공양한 것과 같은 공덕이 있습니다.

大方廣佛華嚴經 27

用용	礙애	無무	用용	說설	離리	生생
攝섭	用용	礙애	令영	莊장	故고	力력
取취	覺각	用용	一일	嚴엄	刹찰	無무
一일	悟오	修수	切체	而이	力력	礙애
切체	睡수	行행	身신	莊장	無무	用용
菩보	眠면	不부	入입	嚴엄	礙애	敎교
薩살	故고	斷단	無무	故고	用용	化화
行행	行행	故고	身신	法법	示시	調조
故고	力력	佛불	故고	力력	現현	伏복
如여	無무	力력	劫겁	無무	不불	不불
來래	礙애	無무	力력	礙애	可가	捨사

사경의 공덕은 십만억 부처님께 공양한 것과 같은 공덕이 있습니다.

十 십	佛 불	用 용	切 체	法 법	無 무	力 력
種 종	子 자	不 불	智 지	故 고	師 사	無 무
無 무	如 여	捨 사	成 성	一 일	力 력	礙 애
礙 애	是 시	一 일	正 정	切 체	無 무	用 용
用 용	名 명	切 체	覺 각	智 지	礙 애	度 도
若 약	爲 위	衆 중	故 고	力 력	用 용	脫 탈
有 유	菩 보	生 생	大 대	無 무	自 자	一 일
得 득	薩 살	故 고	悲 비	礙 애	覺 각	切 체
此 차	摩 마	是 시	力 력	用 용	一 일	衆 중
十 십	訶 하	爲 위	無 무	以 이	切 체	生 생
無 무	薩 살	十 십	礙 애	一 일	諸 제	故 고

사경의 공덕은 십만억 부처님께 공양한 것과 같은 공덕이 있습니다.

	現	願	何	成	菩	礙
佛	故	入	以	正	提	用
子		無	故	覺	欲	者
菩		邊	菩	而	成	於
薩		無	薩	亦	不	阿
摩		礙	摩	不	成	耨
訶		用	訶	斷	隨	多
薩		門	薩	行	意	羅
有		善	發	菩	無	三
十		巧	大	薩	違	藐
種		示	誓	行	雖	三

遊(유) 戲(희) 何(하) 等(등) 爲(위) 十(십) 所(소) 謂(위) 以(이) 衆(중) 生(생)
身(신) 作(작) 刹(찰) 身(신) 而(이) 亦(역) 不(불) 壞(괴) 衆(중) 生(생) 身(신)
是(시) 菩(보) 薩(살) 亦(역) 遊(유) 戲(희) 以(이) 刹(찰) 身(신) 作(작) 衆(중) 生(생)
身(신) 而(이) 亦(역) 不(불) 遊(유) 戲(희) 於(어) 刹(찰) 身(신) 是(시) 菩(보) 薩(살)
遊(유) 戲(희) 於(어) 佛(불) 不(불) 身(신) 示(시) 現(현) 聲(성) 聞(문) 獨(독) 覺(각)
身(신) 而(이) 不(불) 損(손) 減(감) 如(여) 來(래) 身(신) 是(시) 菩(보) 薩(살)
遊(유) 戲(희) 於(어) 聲(성) 聞(문) 獨(독) 覺(각) 身(신) 示(시) 現(현) 如(여)

사경의 공덕은 십만억 부처님께 공양한 것과 같은 공덕이 있습니다.

大方廣佛華嚴經

來	是	現	行	身	減	涅
래	시	현	행	신	감	열
身	菩	成	身	示	成	槃
신	보	성	신	시	성	반
而	薩	正	是	現	菩	界
이	살	정	시	현	보	계
不	遊	覺	菩	修	提	示
불	유	각	보	수	리	시
增	戱	身	薩	菩	身	現
증	희	신	살	보	신	현
長	於	而	遊	薩	是	生
장	어	이	유	살	시	생
聲	菩	亦	戱	行	菩	死
성	보	역	희	행	보	사
聞	薩	不	於	身	薩	身
문	살	부	어	신	살	신
獨	行	斷	成	而	遊	而
독	행	단	성	이	유	이
覺	身	菩	正	亦	戱	不
각	신	보	정	역	희	불
身	示	薩	覺	不	於	着
신	시	살	각	불	어	착

사경의 공덕은 십만억 부처님께 공양한 것과 같은 공덕이 있습니다.

大方廣佛華嚴經

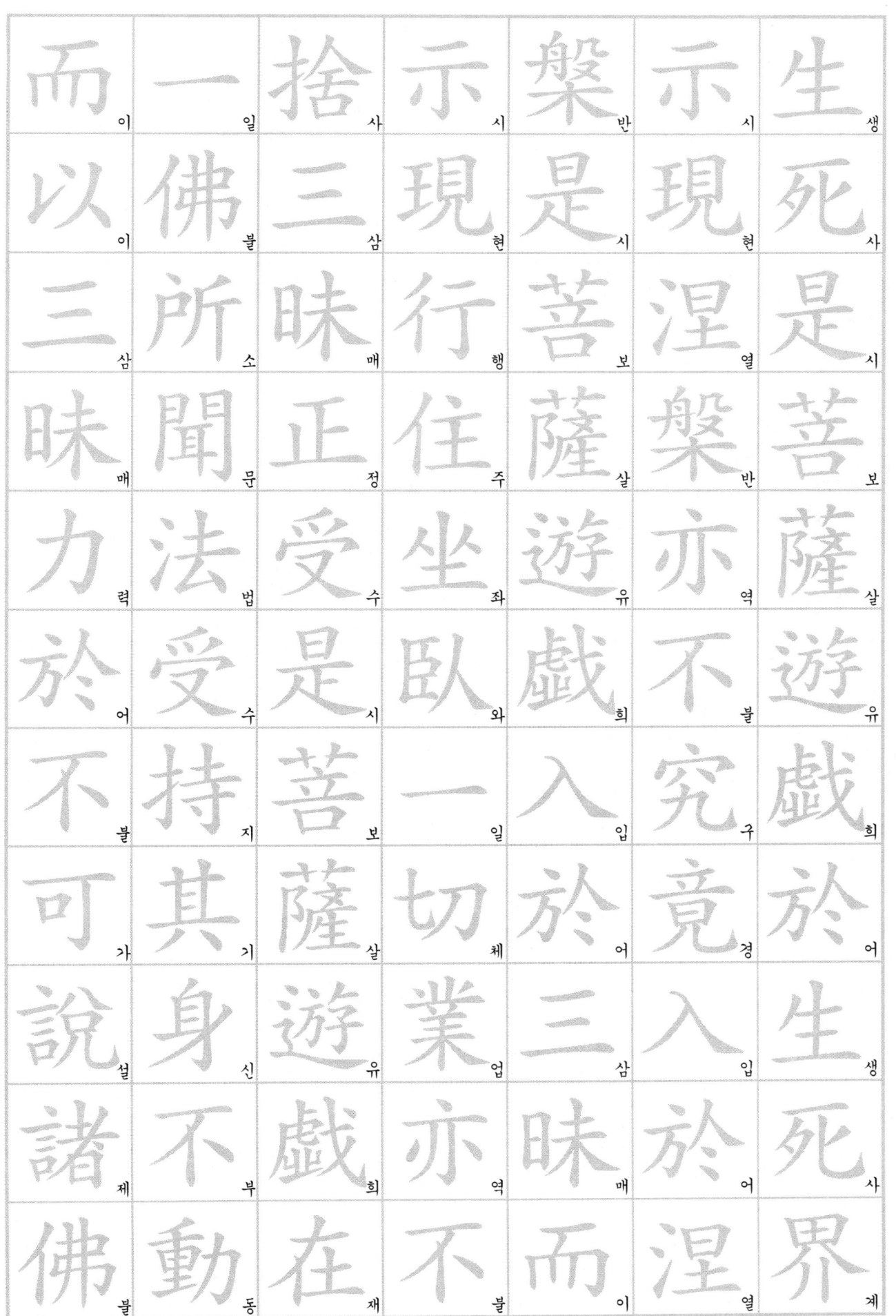

사경의 공덕은 십만억 부처님께 공양한 것과 같은 공덕이 있습니다.

盡窮身各斷不會
진궁신각단불회

是盡如出如起中
시진여출여기중

菩而是生是定各
보이시생시정각

薩菩次不念而各
살보차불념이각

遊薩第可念聞現
유살제가념문현

戲三一說於法身
희삼일설어법신

是昧切不一受亦
시매체불일수역

爲身諸可一持不
위신제가일지불

十不劫說三相分
십불겁설삼상분

若可猶三昧續身
약가유삼매속신

諸窮可昧身不亦
제궁가매신부역

사경의 공덕은 십만억 부처님께 공양한 것과 같은 공덕이 있습니다.

大方廣佛華嚴經 34

妙	薩	邊	境		上	菩
묘	살	변	경		상	보
莊	境	法	界	佛	大	薩
장	경	법	계	불	대	살
嚴	界	界	何	子	智	安
엄	계	계	하	자	지	안
令	示	門	等	菩	遊	住
영	시	문	등	보	유	주
衆	現	令	爲	薩	戲	此
중	현	영	위	살	희	차
生	一	衆	十	摩		法
생	일	중	십	마		법
得	切	生	所	訶		則
득	체	생	소	하		즉
入	世	得	謂	薩		得
입	세	득	위	살		득
是	界	入	示	有		如
시	계	입	시	유		여
菩	無	是	現	十		來
보	무	시	현	십		래
薩	量	菩	無	種		無
살	량	보	무	종		무

사경의 공덕은 십만억 부처님께 공양한 것과 같은 공덕이 있습니다.

大方廣佛華嚴經 35

界계	菩보	現현	來래	身신	便편	境경
於어	薩살	世세	身신	出출	開개	界계
涅열	境경	界계	是시	菩보	悟오	化화
槃반	界계	於어	菩보	薩살	是시	往왕
界계	於어	世세	薩살	身신	菩보	一일
現현	生생	界계	境경	於어	薩살	切체
生생	死사	現현	界계	菩보	境경	衆중
死사	界계	虛허	於어	薩살	界계	生생
界계	現현	空공	虛허	身신	於어	界계
是시	涅열	界계	空공	出출	如여	悉실
菩보	槃반	是시	界계	如여	來래	方방

사경의 공덕은 십만억 부처님께 공양한 것과 같은 공덕이 있습니다.

生生	薩살	以이	作작	界계	生생	薩살
發발	境경	一일	一일	以이	一일	境경
菩보	界계	身신	切체	無무	切체	界계
提리	於어	充충	差차	邊변	佛불	於어
心심	一일	滿만	別별	身신	法법	一일
各각	念념	一일	身신	現현	語어	衆중
現현	中중	切체	是시	作작	言언	生생
無무	令영	法법	菩보	一일	是시	語어
量량	一일	界계	薩살	身신	菩보	言언
身신	切체	是시	境경	一일	薩살	中중
成성	衆중	菩보	界계	身신	境경	出출

사경의 공덕은 십만억 부처님께 공양한 것과 같은 공덕이 있습니다.

大方廣佛華嚴經 37

不捨一切一切佛法故
雜一切世情故增上深深心力
力何等爲十所謂深心力
佛子菩薩摩訶薩有十
來無上大智慧境界法則得如
若諸菩薩安住此法界是
等正覺是菩薩菩薩境界是爲十

사경의 공덕은 십만억 부처님께 공양한 것과 같은 공덕이 있습니다.

一 일	中 중	大 대	乘 승	滿 만	切 체	有 유
切 체	各 각	乘 승	力 력	故 고	心 심	所 소
如 여	各 각	故 고	能 능	行 행	行 행	作 작
來 래	示 시	神 신	出 출	力 력	故 고	究 구
出 출	現 현	變 변	生 생	盡 진	願 원	竟 경
興 흥	一 일	力 력	一 일	未 미	力 력	故 고
世 세	切 체	於 어	切 체	來 래	一 일	智 지
故 고	淸 청	一 일	乘 승	際 제	切 체	力 력
菩 보	淨 정	一 일	而 이	不 부	所 소	了 요
提 리	世 세	毛 모	不 불	斷 단	求 구	知 지
力 력	界 계	孔 공	捨 사	故 고	令 령	一 일

사경의 공덕은 십만억 부처님께 공양한 것과 같은 공덕이 있습니다.

無무		得득	爲위	稱칭	絕절	令영
畏외	佛불	諸제	十십	一일	故고	一일
何하	子자	佛불	若약	切체	轉전	切체
等등	菩보	無무	諸제	衆중	法법	衆중
爲위	薩살	上상	菩보	生생	輪륜	生생
十십	摩마	一일	薩살	諸제	力력	發발
佛불	訶하	切체	安안	根근	說설	心심
子자	薩살	智지	住주	性성	一일	成성
菩보	有유	十십	此차	欲욕	句구	佛불
薩살	十십	力력	法법	故고	法법	無무
摩마	種종		則즉	是시	悉실	斷단

사경의 공덕은 십만억 부처님께 공양한 것과 같은 공덕이 있습니다.

訶薩悉悉能聞持一切言說作
如是念設有衆生百千大無量無邊
從十方我來彼以問不見大法而無問難
於我我相以不見問故心得微少無所畏
可答相以不見故心得其無所畏
究竟到彼大無畏岸隨其所
問悉能酬對斷其疑惑無有

사경의 공덕은 십만억 부처님께 공양한 것과 같은 공덕이 있습니다.

我아	十시	是시	音음	無무	子자	怯겁
於어	方방	念념	開개	礙애	菩보	弱약
彼피	來래	設설	示시	辯변	薩살	是시
問문	以이	有유	秘비	才재	摩마	爲위
不불	無무	衆중	密밀	到도	訶하	菩보
見견	量량	生생	究구	於어	薩살	薩살
微미	法법	無무	竟경	一일	得득	第제
少소	而이	量량	彼피	切체	如여	一일
難난	問문	無무	岸안	文문	來래	無무
可가	於어	邊변	作작	字자	灌관	畏외
答답	我아	從종	如여	言언	頂정	佛불

사경의 공덕은 십만억 부처님께 공양한 것과 같은 공덕이 있습니다.

無 무	離 이	薩 살	是 시	能 능	到 도	相 상
命 명	我 아	摩 마	爲 위	酬 수	彼 피	以 이
者 자	所 소	訶 하	菩 보	對 대	大 대	不 불
無 무	無 무	薩 살	薩 살	斷 단	無 무	見 견
養 양	作 작	知 지	第 제	其 기	畏 외	故 고
育 육	無 무	一 일	二 이	疑 의	岸 안	心 심
者 자	作 작	切 체	無 무	惑 혹	隨 수	得 득
無 무	者 자	法 법	畏 외	無 무	其 기	無 무
補 보	無 무	空 공	佛 불	有 유	所 소	畏 외
伽 가	知 지	離 이	子 자	恐 공	問 문	究 구
羅 라	者 자	我 아	菩 보	懼 구	悉 실	竟 경

사경의 공덕은 십만억 부처님께 공양한 것과 같은 공덕이 있습니다.

岸	心	見	以	少	空	離
堅	得	諸	故	相	作	蘊
固	無	法	菩	能	如	界
勇	畏	有	薩	損	是	處
猛	究	少	遠	惱	念	永
不	竟	性	離	我	不	出
可	到	相	我	身	見	諸
沮	彼	以	我	語	衆	見
壞	大	不	所	意	生	心
是	無	見	故	業	有	如
爲	畏	故	不	何	微	虛

사경의 공덕은 십만억 부처님께 공양한 것과 같은 공덕이 있습니다.

菩보	訶하	佛불	作작	儀의	見견	隱은
薩살	薩살	威위	如여	令영	故고	說설
第제	佛불	儀의	是시	諸제	心심	法법
三삼	力력	所소	念념	衆중	得득	是시
無무	所소	行행	我아	生생	無무	爲위
畏외	護호	眞진	不불	生생	畏외	菩보
佛불	佛불	實실	見견	訶가	於어	薩살
子자	力력	無무	有유	責책	大대	第제
菩보	所소	有유	少소	相상	衆중	四사
薩살	持지	變변	分분	以이	中중	無무
摩마	住주	易역	威위	不불	安안	畏외

사경의 공덕은 십만억 부처님께 공양한 것과 같은 공덕이 있습니다.

사경의 공덕은 십만억 부처님께 공양한 것과 같은 공덕이 있습니다.

見견	我아	衆중	摩마	衛위	帝제	士사
故고	行행	魔마	訶하	一일	釋석	天천
心심	菩보	外외	薩살	切체	梵범	龍룡
得득	薩살	道도	作작	如여	王왕	夜야
無무	道도	有유	如여	來래	四사	叉차
畏외	少소	見견	是시	護호	天천	乾건
究구	分분	衆중	念념	念념	王왕	闥달
竟경	之지	生생	我아	不불	等등	婆바
到도	相상	能능	不불	捨사	常상	阿아
彼피	以이	來래	見견	菩보	隨수	修수
大대	不불	障장	有유	薩살	侍시	羅라

사경의 공덕은 십만억 부처님께 공양한 것과 같은 공덕이 있습니다.

사경의 공덕은 십만억 부처님께 공양한 것과 같은 공덕이 있습니다.

故고	心심	常상	已이	子자	薩살	畏외
成성	繫계	勤근	通통	菩보	行행	受수
就취	佛불	教교	達달	薩살	是시	持지
衆중	菩보	化화	菩보	摩마	爲위	一일
生생	提리	一일	薩살	訶하	菩보	切체
故고	而이	切체	諸제	薩살	薩살	如여
於어	爲위	衆중	力력	智지	第제	來래
煩번	悲비	生생	皆개	慧혜	七칠	正정
惱뇌	愍민	恒항	得득	方방	無무	法법
濁탁	衆중	以이	究구	便편	畏외	行행
世세	生생	願원	竟경	悉실	佛불	菩보

사경의 공덕은 십만억 부처님께 공양한 것과 같은 공덕이 있습니다.

示現 滿是見禪才訶
受所念少定菩薩
生欲我相解薩於
種從雖而脫道一
族與此及法切
尊歡貪諸何法
貴快屬着三以已
眷樂聚我總故得
屬而會修持菩自
圓不行辯摩在
到

시현 만시견선재하
수소념소정보살
생욕아상해살어
종종수이탈도일
족심여차급법체
존환탐제하법
귀쾌속착삼이이
권락취아총고득
속이회수지보자
원불행변마살재
도

사경의 공덕은 십만억 부처님께 공양한 것과 같은 공덕이 있습니다.

大方廣佛華嚴經 50

於彼岸 修間 有 菩薩 行 誓 而 不 斷 絶惑

不見彼世間 修 有 菩薩 一 境界 行 誓 而 不 斷 絶惑

亂菩薩 究竟道 到彼岸 大世界 無見 畏故 岸 心 能 得

無畏 究竟 於 一切 世 界 無 示 現 受

大願力 爲 於 菩薩 第 八 無 畏 佛子

生是爲 菩薩 薩 第 八 無 畏 佛

菩薩摩訶薩 恒 不 忘 失 薩 婆

사경의 공덕은 십만억 부처님께 공양한 것과 같은 공덕이 있습니다.

若心乘於大乘行菩薩行以
一切智乘作如是一切以
聲聞獨覺寂靜勢力示現一
念我不自見當於威儀示現
出離少分之彼無上大無無畏
得無畏到彼岸心取是一切
普能示現一切乘道究竟滿

사경의 공덕은 십만억 부처님께 공양한 것과 같은 공덕이 있습니다.

사경의 공덕은 십만억 부처님께 공양한 것과 같은 공덕이 있습니다.

我不自見有一衆生應可成
熟而不自見現諸佛自在而可惑成
熟相不以不能見現故心得無畏而究
竟不到彼岸大無見畏故不心得無畏菩薩
行不捨菩薩願隨所化應斷菩薩
切眾生現佛菩薩境界而所化化之一
是為菩薩第十無畏

사경의 공덕은 십만억 부처님께 공양한 것과 같은 공덕이 있습니다.

佛子。是爲菩薩摩訶薩十種無畏。若諸菩薩安住此法。則得諸佛無上大無畏。而亦不捨菩薩無畏。佛子。菩薩摩訶薩有十種摩訶薩不共法。何等爲十。佛子。菩薩摩訶薩不由他教自然修行

사경의 공덕은 십만억 부처님께 공양한 것과 같은 공덕이 있습니다.

修六度不共法佛子菩薩摩
一不由他教隨順波羅蜜
巧修智慧悉除惡見是爲第
曾退轉心善不入諸禪永無散亂
忍辱不不動搖有大精進未
悋恒持淨戒無所毀犯具足
六波羅蜜常樂大施不生慳

사경의 공덕은 십만억 부처님께 공양한 것과 같은 공덕이 있습니다.

訶薩普能攝受一切衆生所

謂以財及法惠施正念示

現前和顏愛語而行惠施歡喜示

如實義令得愛悟解諸佛菩提

無有憎嫌平等利益是爲第

二不由他教順四攝道勤攝

衆生不共法佛子菩薩摩訶

사경의 공덕은 십만억 부처님께 공양한 것과 같은 공덕이 있습니다.

佛불	他타	來래	益익	切체	廻회	薩살
智지	敎교	智지	一일	世세	向향	善선
慧혜	爲위	慧혜	切체	間간	順순	巧교
不불	諸제	廻회	衆중	禪선	佛불	廻회
共공	衆중	向향	生생	定정	菩보	向향
法법	生생	是시	廻회	三삼	提리	所소
佛불	發발	爲위	向향	昧매	廻회	謂위
子자	起기	第제	爲위	廻회	向향	不불
菩보	善선	三삼	不부	向향	不불	求구
薩살	根근	不불	斷단	爲위	着착	果과
摩마	求구	由유	如여	利이	一일	報보

사경의 공덕은 십만억 부처님께 공양한 것과 같은 공덕이 있습니다.

觀未曾暫起疲厭之心
悉得自在往來生死如遊園
能入出禪定解脫唯於諸三昧
之道不着己樂唯樂勤化度善
俗凡愚境界不切眾生不出離世
心恒顧復一不衆生不厭世
訶薩到道善巧方便究竟彼岸

사경의 공덕은 십만억 부처님께 공양한 것과 같은 공덕이 있습니다.

或	舞	呪	離	或	切	魔
時	之	術	一	於	生	宮
示	法	字	切	外	處	或
作	悉	印	邪	道	靡	爲
端	皆	算	見	衆	不	釋
正	示	數	一	中	於	天
婦	現	乃	切	出	中	梵
人	無	至	世	家	而	王
智	不	遊	間	而	現	世
慧	精	戲	文	恒	其	主
才	巧	歌	詞	遠	身	一

사경의 공덕은 십만억 부처님께 공양한 것과 같은 공덕이 있습니다.

大方廣佛華嚴經

能	間	得	亦	生	佛	念
능	간	득	역	생	불	념
世	法	究	悉	恒	威	中
세	법	구	실	항	위	중
中	能	竟	通	來	儀	示
중	능	경	통	래	의	시
第	問	一	達	瞻	而	成
제	문	일	달	첨	이	성
一	能	切	到	仰	不	正
일	능	체	도	앙	불	정
於	說	世	於	雖	失	覺
어	설	세	어	수	실	각
諸	問	間	彼	現	大	而
제	문	간	피	현	대	이
世	答	出	岸	聲	乘	不
세	답	출	안	성	승	부
間	斷	世	一	聞	心	斷
간	단	세	일	문	심	단
出	疑	間	切	辟	雖	菩
출	의	간	체	벽	수	보
世	皆	事	衆	支	念	薩
세	개	사	중	지	념	살

사경의 공덕은 십만억 부처님께 공양한 것과 같은 공덕이 있습니다.

行是爲第四不由他教方便善巧究竟彼岸不共法佛子雙行所謂菩薩摩訶薩善知權實法佛子菩薩摩訶薩善知權實雙行所謂道智慧摩訶薩善知涅槃自在到於究生死竟知所謂無住於涅槃而示現化究竟寂滅眾生而起勤行教化究竟寂滅而現住一堅密智慧

法 법	常 상	遠 원	法 법	雖 수	受 수	善 선
身 신	入 입	離 리	樂 락	以 이	醜 추	無 무
而 이	深 심	三 삼	而 이	衆 중	陋 루	諸 제
普 보	禪 선	界 계	現 현	相 상	貧 빈	過 과
現 현	定 정	而 이	有 유	好 호	賤 천	惡 악
無 무	而 이	不 불	婇 채	莊 장	之 지	而 이
量 량	示 시	捨 사	女 녀	嚴 엄	形 형	現 현
諸 제	受 수	衆 중	歌 가	其 기	常 상	生 생
衆 중	欲 욕	生 생	詠 영	身 신	積 적	地 지
生 생	樂 락	常 상	嬉 희	而 이	集 집	獄 옥
身 신	常 상	樂 락	戲 희	示 시	衆 중	畜 축

사경의 공덕은 십만억 부처님께 공양한 것과 같은 공덕이 있습니다.

薩摩訶薩身口意業隨智智慧 敎權實雙行不共法佛子菩 童蒙衆生是不爲第五不由他 聞獨覺尚不能知何況一切 訶薩成就捨如是智無量智智慧聲 而亦不捨菩薩到於佛智智彼岸 生餓鬼雖已

사경의 공덕은 십만억 부처님께 공양한 것과 같은 공덕이 있습니다.

諸제	不불	佛불	身신	有유	永영	行행
苦고	捨사	子자	口구	邪사	離리	皆개
所소	衆중	菩보	意의	見견	殺살	悉실
謂위	生생	薩살	業업	是시	心심	淸청
地지	代대	摩마	隨수	爲위	乃내	淨정
獄옥	一일	訶하	智지	第제	至지	所소
苦고	切체	薩살	慧혜	六육	具구	謂위
畜축	衆중	具구	行행	不불	足족	具구
生생	生생	足족	不불	由유	正정	足족
苦고	而이	大대	共공	他타	解해	大대
餓아	受수	悲비	法법	敎교	無무	慈자

사경의 공덕은 십만억 부처님께 공양한 것과 같은 공덕이 있습니다.

大方廣佛華嚴經

帝 제	薩 살	大 대	苦 고	五 오	專 전	鬼 귀
釋 석	常 상	悲 비	是 시	欲 욕	度 도	苦 고
四 사	爲 위	不 불	爲 위	境 경	脫 탈	爲 위
天 천	衆 중	共 공	第 제	界 계	一 일	利 이
王 왕	生 생	法 법	七 칠	常 상	切 체	益 익
等 등	之 지	佛 불	不 부	爲 위	衆 중	故 고
一 일	所 소	子 자	由 유	精 정	生 생	不 불
切 체	樂 락	菩 보	他 타	勤 근	未 미	生 생
衆 중	見 견	薩 살	敎 교	滅 멸	曾 증	勞 로
生 생	梵 범	摩 마	常 상	除 제	耽 탐	倦 권
見 견	王 왕	訶 하	起 기	衆 중	染 염	唯 유

樂락	訶하	悉실	第제	失실	久구	無무
堅견	薩살	樂락	八팔	是시	遠원	厭염
固고	於어	見견	不불	故고	世세	足족
雖수	薩살	不불	由유	衆중	來래	何하
處처	婆바	共공	他타	生생	行행	以이
凡범	若야	法법	教교	見견	業업	故고
夫부	大대	佛불	一일	者자	淸청	菩보
聲성	誓서	子자	切체	無무	淨정	薩살
聞문	莊장	菩보	衆중	厭염	無무	摩마
獨독	嚴엄	薩살	生생	是시	有유	訶하
覺각	志지	摩마	皆개	爲위	過과	薩살

사경의 공덕은 십만억 부처님께 공양한 것과 같은 공덕이 있습니다.

險難之處終不退失一切智
心明淨妙寶佛子如有一寶珠
名淨莊嚴
置泥潦中光色不改能令
濁水悉皆澄清菩薩摩訶薩
亦復如是雖在凡愚雜濁等
處終不失壞求一切智清淨

사경의 공덕은 십만억 부처님께 공양한 것과 같은 공덕이 있습니다.

悟오	薩살	心심	他타	智지	離리	寶보
究구	成성	寶보	敎교	淸청	妄망	心심
竟경	就취	不불	在재	淨정	見견	而이
自자	自자	共공	衆중	心심	煩번	能능
在재	覺각	法법	難난	寶보	惱뇌	令령
到도	境경	佛불	處처	是시	穢예	彼피
於어	界계	子자	不불	爲위	濁탁	諸제
彼피	智지	菩보	失실	第제	得득	惡악
岸안	無무	薩살	一일	九구	求구	衆중
離이	師사	摩마	切체	不불	一일	生생
垢구	自자	訶하	智지	由유	切체	遠원

사경의 공덕은 십만억 부처님께 공양한 것과 같은 공덕이 있습니다.

住其中則得如來無上廣大
薩十種不共法若諸菩薩摩訶薩安
不共法不離佛子是為菩薩捨尊重佛
法不為第十不知由他教得最上佛
是親近於諸如來常樂尊重善友不
捨繒以冠其首而於善

敎化故一切未來業盡未來
種善根故一故一切衆生業悉未
悉能供養故一切菩薩業
業悉何能嚴淨故一切諸佛業
業何等爲十所謂一切世界
　佛子菩薩摩訶薩有十種
不共法

住주	寶보	結결	一일	切체	一일	際제
持지	種종	跏가	光광	光광	世세	攝섭
諸제	不부	趺부	中중	明명	界계	取취
佛불	斷단	坐좌	有유	業업	徧변	故고
法법	業업	而이	蓮련	放방	至지	一일
故고	諸제	顯현	華화	無무	一일	切체
一일	佛불	現현	座좌	邊변	切체	神신
切체	滅멸	故고	各각	色색	世세	力력
變변	後후	一일	有유	光광	界계	業업
化화	守수	切체	菩보	明명	故고	不불
業업	護호	三삼	薩살	一일	一일	離리

사경의 공덕은 십만억 부처님께 공양한 것과 같은 공덕이 있습니다.

於어	生생	隨수	現현	十십	如여
一일	故고	諸제	令영	來래	佛불
切체	衆중	一일	諸제	無무	子자
世세	切체	生생	菩보	上상	菩보
界계	加가	願원	薩살	廣광	薩살
說설	持지	之지	悉실	安안	摩마
法법	業업	所소	成성	住주	訶하
敎교	於어	欲욕	滿만	此차	薩살
化화	一일	皆개	故고	法법	有유
諸제	念념	爲위	是시	則즉	十십
衆중	中중	示시	爲위	得득	種종

사경의 공덕은 십만억 부처님께 공양한 것과 같은 공덕이 있습니다.

大方廣佛華嚴經 73

身신	身신	身신	身신	於어	一일	身신
一일	盡진	以이	一일	一일	切체	何하
切체	未미	如여	切체	切체	世세	等등
衆중	來래	實실	世세	世세	間간	爲위
魔마	際제	理리	間간	間간	不불	十십
不불	無무	示시	如여	求구	受수	所소
能능	斷단	世세	實실	不부	生생	謂위
壞괴	絶절	間간	得득	得득	故고	不불
故고	故고	故고	故고	故고	不불	來래
不부	堅견	不부	不불	不불	去거	身신
動동	固고	盡진	虛허	實실	身신	於어

사경의 공덕은 십만억 부처님께 공양한 것과 같은 공덕이 있습니다.

大方廣佛華嚴經 74

	如여	十십	身신	身신	身신	身신
佛불	來래	若약	與여	法법	示시	衆중
子자	無무	諸제	三삼	相상	現현	魔마
菩보	上상	菩보	世세	究구	淸청	外외
薩살	無무	薩살	佛불	竟경	淨정	道도
摩마	盡진	安안	同동	悉실	百백	不불
訶하	之지	住주	一일	無무	福복	能능
薩살	身신	此차	身신	相상	相상	動동
有유		法법	故고	故고	故고	故고
十십		則즉	是시	普보	無무	具구
種종		得득	爲위	至지	相상	相상

사경의 공덕은 십만억 부처님께 공양한 것과 같은 공덕이 있습니다.

身	滿	生	趣	世	會	世
業	一	前	悉	界	身	界
何	切	悉	能	身	業	身
等	世	能	受	業	能	業
爲	界	示	生	往	以	能
十	身	現	身	詣	一	以
所	業	身	業	一	手	一
謂	於	業	遊	切	普	手
一	一	於	行	諸	覆	摩
一	切	一	一	佛	一	一
充	衆	切	切	衆	切	切

사경의 공덕은 십만억 부처님께 공양한 것과 같은 공덕이 있습니다.

若(약)	衆(중)	中(중)	受(수)	壞(괴)	業(업)	世(세)
諸(제)	生(생)	普(보)	一(일)	示(시)	於(어)	界(계)
菩(보)	於(어)	現(현)	切(체)	於(어)	自(자)	金(금)
薩(살)	中(중)	一(일)	衆(중)	衆(중)	身(신)	剛(강)
安(안)	成(성)	切(체)	生(생)	生(생)	中(중)	圍(위)
住(주)	道(도)	淸(청)	界(계)	身(신)	現(현)	山(산)
此(차)	身(신)	淨(정)	身(신)	業(업)	一(일)	碎(쇄)
法(법)	業(업)	佛(불)	業(업)	以(이)	切(체)	如(여)
則(즉)	是(시)	刹(찰)	於(어)	一(일)	佛(불)	微(미)
得(득)	爲(위)	一(일)	自(자)	身(신)	刹(찰)	塵(진)
如(여)	十(십)	切(체)	身(신)	容(용)	成(성)	身(신)

사경의 공덕은 십만억 부처님께 공양한 것과 같은 공덕이 있습니다.

大方廣佛華嚴經

來無上佛業 悉能覺悟一切眾生 佛子 菩薩摩訶薩 復有十種身 何等為十 所謂諸波羅蜜身 悉正修行故 四攝身 捨一切眾生故 大悲身 代一切眾生受無量苦無疲厭故

사경의 공덕은 십만억 부처님께 공양한 것과 같은 공덕이 있습니다.

隨수	現현	於어	身신	身신	德덕	大대
時시	一일	一일	永영	與여	身신	慈자
成성	切체	切체	離리	一일	饒요	身신
正정	神신	處처	諸제	切체	益익	救구
覺각	變변	現현	趣취	佛불	一일	護호
故고	故고	前전	受수	身신	切체	一일
是시	菩보	故고	生생	同동	衆중	切체
爲위	提리	神신	故고	一일	生생	衆중
十십	身신	力력	方방	性성	故고	生생
若약	隨수	身신	便편	故고	智지	故고
諸제	樂락	示시	身신	法법	慧혜	福복

사경의 공덕은 십만억 부처님께 공양한 것과 같은 공덕이 있습니다.

菩薩안주차법즉득여래무
上大智慧身
佛子菩薩摩訶薩有十種
一上大智慧安住此法則得如來無

語	令	一	語		上	菩
所	一	切	何	佛	大	薩
有	切	衆	等	子	智	安
言	衆	生	爲	菩	慧	住
說	生	皆	十	薩	身	此
皆	悉	安	所	摩		法
如	清	隱	謂	訶		則
實	凉	故	柔	薩		得
故	故	甘	軟	有		如
眞	不	露	語	十		來
實	誑	語	使	種		無

사경의 공덕은 십만억 부처님께 공양한 것과 같은 공덕이 있습니다.

大方廣佛華嚴經 80

樂락	故고	言언	固고	敬경	語어	語어
令영	開개	易이	語어	故고	一일	乃내
解해	悟오	了료	說설	甚심	切체	至지
了료	一일	故고	法법	深심	釋석	夢몽
故고	切체	種종	無무	語어	梵범	中중
是시	衆중	種종	盡진	顯현	四사	無무
爲위	生생	語어	故고	示시	天천	妄망
十십	語어	隨수	正정	法법	王왕	語어
若약	隨수	時시	直직	性성	等등	故고
諸제	其기	示시	語어	故고	皆개	廣광
菩보	欲욕	現현	發발	堅견	尊존	大대

사경의 공덕은 십만억 부처님께 공양한 것과 같은 공덕이 있습니다.

說	聞	聽	淨		微	薩
설	문	청	정		미	살
一	說	聞	修	佛	妙	安
일	설	문	수	불	묘	안
切	菩	如	語	子	語	住
체	보	여	어	자	어	주
衆	薩	來	業	菩		此
중	살	래	업	보		차
生	功	音	何	薩		法
생	공	음	하	살		법
不	德	聲	等	摩		則
불	덕	성	등	마		즉
樂	淨	淨	爲	訶		得
락	정	정	위	하		득
聞	修	修	十	薩		如
문	수	수	십	살		여
語	語	語	所	有		來
어	어	어	소	유		래
淨	業	業	謂	十		無
정	업	업	위	십		무
修	不	樂	樂	種		上
수	불	낙	락	종		상

사경의 공덕은 십만억 부처님께 공양한 것과 같은 공덕이 있습니다.

於어	樂악	淨정	佛불	淨정	修수	語어
諸제	歌가	心심	如여	修수	語어	業업
佛불	頌송	施시	實실	語어	業업	眞진
所소	讚찬	衆중	功공	業업	歡환	實실
聽청	歎탄	生생	德덕	如여	喜희	遠원
聞문	如여	法법	淨정	來래	踊용	離리
正정	來래	淨정	修수	塔탑	躍약	語어
法법	淨정	修수	語어	所소	讚찬	四사
不불	修수	語어	業업	高고	歎탄	過과
惜석	語어	業업	以이	聲성	如여	失실
身신	業업	音음	深심	讚찬	來래	淨정

사경의 공덕은 십만억 부처님께 공양한 것과 같은 공덕이 있습니다.

一일	護호	十십		修수	菩보	命명
切체	何하	事사	佛불	語어	薩살	淨정
天천	等등	淨정	子자	業업	及급	修수
衆중	爲위	修수	若약	是시	諸제	語어
而이	十십	語어	菩보	爲위	法법	業업
爲위	所소	業업	薩살	十십	師사	捨사
守수	謂위	則즉	摩마		而이	身신
護호	天천	得득	訶하		受수	承승
龍용	王왕	十십	薩살		妙묘	事사
王왕	爲위	種종	以이		法법	一일
爲위	首수	守수	此차		淨정	切체

사경의 공덕은 십만억 부처님께 공양한 것과 같은 공덕이 있습니다.

首수	徒도	首수	那나	羅라	王왕	首수
一일	衆중	梵범	羅라	王왕	爲위	一일
切체	而이	王왕	王왕	爲위	首수	切체
法법	爲위	爲위	爲위	首수	乾건	龍용
師사	守수	首수	首수	迦가	闥달	衆중
皆개	護호	一일	摩마	樓루	婆바	而이
悉실	如여	一일	睺후	羅라	王왕	爲위
守수	來래	皆개	羅라	王왕	爲위	守수
護호	法법	與여	伽가	爲위	首수	護호
是시	王왕	自자	王왕	首수	阿아	夜야
爲위	爲위	己기	爲위	緊긴	修수	叉차

사경의 공덕은 십만억 부처님께 공양한 것과 같은 공덕이 있습니다.

十佛子야 菩薩摩訶薩이 得此十種守護하야 則能成辦一十種大事하나니 此何等이 爲十이오 所謂一切世界에 一切衆生이 皆往詣하야 皆令一 護已佛子則能成一辦十種大薩得此 等爲十所謂一切世界悉能了知一切 歡喜諸根皆能了知悉能一切往詣皆 切諸根皆能一切了知悉能一切解 悉令清淨一切煩惱皆令除

사경의 공덕은 십만억 부처님께 공양한 것과 같은 공덕이 있습니다.

能心　一使欲斷
持何佛切增樂一
能等子涅長皆切
長爲菩槃一令習
一十薩普切明氣
切所摩令法潔皆
衆謂訶明界一令
生如薩見悉切捨
諸大有是令深離
善地十爲周心一
根心種十徧悉切

사경의 공덕은 십만억 부처님께 공양한 것과 같은 공덕이 있습니다.

法 법	故 고	尼 니	出 출	須 수	無 무	故 고
故 고	如 여	寶 보	世 세	彌 미	邊 변	如 여
如 여	金 금	王 왕	間 간	山 산	大 대	大 대
金 금	剛 강	心 심	最 최	王 왕	智 지	海 해
剛 강	心 심	樂 낙	上 상	心 심	法 법	心 심
圍 위	決 결	欲 욕	善 선	置 치	水 수	一 일
山 산	定 정	清 청	根 근	一 일	悉 실	切 체
心 심	深 심	淨 정	處 처	切 체	流 류	諸 제
諸 제	入 입	無 무	故 고	衆 중	入 입	佛 불
魔 마	一 일	雜 잡	如 여	生 생	故 고	無 무
外 외	切 체	染 염	摩 마	於 어	如 여	量 량

사경의 공덕은 십만억 부처님께 공양한 것과 같은 공덕이 있습니다.

淨 정	住 주	可 가	日 일	心 심	世 세	道 도
心 심	其 기	量 량	心 심	一 일	法 법	不 불
	中 중	故 고	破 파	切 체	不 불	能 능
	則 즉	是 시	暗 암	劫 겁	能 능	動 동
	得 득	爲 위	障 장	中 중	染 염	故 고
	如 여	十 십	故 고	難 난	故 고	如 여
	來 래	若 약	如 여	値 치	如 여	蓮 련
	無 무	諸 제	虛 허	遇 우	優 우	華 화
	上 상	菩 보	空 공	故 고	曇 담	心 심
	大 대	薩 살	心 심	如 여	鉢 발	一 일
	清 청	安 안	不 불	淨 정	華 화	切 체

사경의 공덕은 십만억 부처님께 공양한 것과 같은 공덕이 있습니다.

大方廣佛華嚴經 89

我아	發발	當당	一일	度도	發발	
當당	我아	令령	切체	脫탈	心심	佛불
除제	當당	一일	衆중	一일	何하	子자
滅멸	斷단	切체	生생	切체	等등	菩보
一일	除제	衆중	除제	衆중	爲위	薩살
切체	一일	生생	斷단	生생	十십	摩마
衆중	切체	消소	煩번	心심	所소	訶하
生생	疑의	滅멸	惱뇌	發발	謂위	薩살
苦고	惑혹	習습	心심	我아	發발	有유
惱뇌	心심	氣기	發발	當당	我아	十십
心심	發발	心심	我아	令령	當당	種종

사경의 공덕은 십만억 부처님께 공양한 것과 같은 공덕이 있습니다.

發我當除滅一切惡道諸難
心發我當敬順一切如來心
發我當善學一切菩薩所學
心發我當於一切世間一
毛端處現一切佛成正覺心
發我當於一切世界擊無上
法鼓令諸眾生隨其根欲悉

사경의 공덕은 십만억 부처님께 공양한 것과 같은 공덕이 있습니다.

徧 변	一 일	周 주		發 발	安 안	得 득
一 일	切 체	徧 변	佛 불	起 기	住 주	悟 오
切 체	虛 허	心 심	子 자	能 능	其 기	解 해
法 법	空 공	何 하	菩 보	事 사	中 중	心 심
界 계	心 심	等 등	薩 살	心 심	則 즉	是 시
心 심	發 발	爲 위	摩 마		得 득	爲 우
深 심	意 의	十 십	訶 하		如 여	十 십
入 입	廣 광	所 소	薩 살		來 래	若 약
無 무	大 대	謂 위	有 유		無 무	諸 제
邊 변	故 고	周 주	十 십		上 상	菩 보
故 고		徧 변	種 종		大 대	薩 살

사경의 공덕은 십만억 부처님께 공양한 것과 같은 공덕이 있습니다.

故	一	生	涅	胎	故	周
周	切	心	槃	誕	周	徧
徧	智	悉	悉	生	徧	一
一	慧	知	明	出	一	切
切	心	根	了	家	切	三
無	隨	欲	故	成	佛	世
邊	順	習	周	道	出	心
心	了	氣	徧	轉	現	一
知	知	故	一	法	心	念
諸	法	周	切	輪	於	悉
幻	界	徧	衆	般	入	知

사경의 공덕은 십만억 부처님께 공양한 것과 같은 공덕이 있습니다.

編변	其기	佛불	徧변	無무	不부	網망
莊장	中중	故고	一일	礙애	得득	差차
嚴엄	則즉	是시	切체	心심	諸제	別별
	得득	爲위	自자	不부	法법	故고
	無무	十십	在재	住주	自자	周주
	量량	若약	心심	自자	性성	徧변
	無무	諸제	一일	心심	故고	一일
	上상	菩보	念념	他타	周주	切체
	佛불	薩살	普보	心심	徧변	無무
	法법	安안	現현	故고	一일	生생
		住주	成성		周주	切체	心심

사경의 공덕은 십만억 부처님께 공양한 것과 같은 공덕이 있습니다.

般반	斷단	切체	聞문	一일	根근	
若야	一일	作작	佛불	切체	何하	佛불
波파	切체	事사	法법	佛불	等등	子자
羅라	菩보	皆개	皆개	信신	爲위	菩보
蜜밀	薩살	究구	悟오	不불	十십	薩살
微미	行행	竟경	解해	壞괴	所소	摩마
妙묘	故고	故고	故고	故고	謂위	訶하
理리	微미	安안	不불	希희	歡환	薩살
故고	細세	住주	退퇴	望망	喜희	有유
不불	根근	根근	根근	根근	根근	十십
休휴	入입	不부	一일	所소	見견	種종

사경의 공덕은 십만억 부처님께 공양한 것과 같은 공덕이 있습니다.

息	金	金	界	一	十	安
식	금	금	계	일	십	안
根	剛	剛	故	身	種	住
근	강	강	고	신	종	주
究	根	光	無	故	力	其
구	근	광	무	고	력	기
竟	證	焰	差	無	故	中
경	증	염	차	무	고	중
一	知	根	別	礙	是	則
일	지	근	별	애	시	즉
切	一	普	根	際	爲	得
체	일	보	근	제	위	득
衆	切	照	一	根	十	如
중	체	조	일	근	십	여
生	諸	一	切	深	若	來
생	제	일	체	심	약	래
事	法	切	如	入	諸	無
사	법	체	여	입	제	무
故	性	佛	來	如	菩	上
고	성	불	래	여	보	상
如	故	境	同	來	薩	大
여	고	경	동	래	살	대

사경의 공덕은 십만억 부처님께 공양한 것과 같은 공덕이 있습니다.

不爲一切衆魔外道所動深心

深心隨順一切智智道深心

乘道深心了達一切佛道菩提深心

切世間法深心不雜一切佛菩提心

深心佛何等爲十所謂不染不

智圓滿根菩薩摩訶薩有十種

淨深心　住其中則得一切智無上
法深心　其深微細　智是為深十若諸菩薩安
着一　微一切受生處
心受持一一切如來圓滿智
心淨修一一切切如來圓滿智深
住法切着心心
深深心智受心具足一不深

사경의 공덕은 십만억 부처님께 공양한 것과 같은 공덕이 있습니다.

大方廣佛華嚴經

上상	心심	切체	根근	退퇴	增증	
深심	大대	如여	故고	轉전	上상	佛불
心심	願원	來래	離이	增증	深심	子자
深심	大대	密밀	疑의	上상	心심	菩보
入입	行행	語어	惑혹	深심	何하	薩살
一일	所소	故고	增증	心심	等등	摩마
切체	流류	正정	上상	積적	爲위	訶하
佛불	故고	持지	深심	集집	十십	薩살
法법	最최	增증	心심	一일	所소	有유
故고	勝승	上상	解해	切체	謂위	十십
爲위	增증	深심	一일	善선	不불	種종

사경의 공덕은 십만억 부처님께 공양한 것과 같은 공덕이 있습니다.

無무	安안	一일	所소	法법	故고	主주
休휴	住주	切체	作작	門문	廣광	增증
息식	增증	三삼	成성	故고	大대	上상
增증	上상	昧매	辦판	上상	增증	深심
上상	深심	神신	故고	首수	上상	心심
深심	心심	通통	自자	增증	深심	一일
心심	攝섭	變변	在재	上상	心심	切체
成성	受수	化화	增증	深심	普보	佛불
熟숙	本본	莊장	上상	心심	入입	法법
一일	願원	嚴엄	深심	一일	種종	自자
切체	故고	故고	心심	切체	種종	在재

사경의 공덕은 십만억 부처님께 공양한 것과 같은 공덕이 있습니다.

勤修頭陀苦行少欲知足無
修悉捨一切不求報故持戒
勤修何等爲十所謂布施勤
佛子菩薩摩訶薩有十種
清淨增上深心一
住此法則得深心一切諸佛無上
衆生故是爲十若諸菩薩安

사경의 공덕은 십만억 부처님께 공양한 것과 같은 공덕이 있습니다.

諍쟁	出출	究구	散산	故고	忍인	所소
諸제	現현	竟경	亂란	精정	一일	欺기
眷권	神신	故고	一일	進진	切체	故고
屬속	通통	禪선	切체	勤근	惡악	忍인
故고	離이	定정	所소	修수	畢필	辱욕
智지	一일	勤근	作작	身신	竟경	勤근
慧혜	切체	修수	皆개	語어	不불	修수
勤근	欲욕	解해	不불	意의	生생	離이
修수	煩번	脫탈	退퇴	業업	恚에	自자
修수	惱뇌	三삼	轉전	未미	害해	他타
習습	鬪투	昧매	至지	曾증	心심	想상

사경의 공덕은 십만억 부처님께 공양한 것과 같은 공덕이 있습니다.

一일	衆중	如여	切체	大대	慈자	積적
切체	生생	來래	衆중	悲비	勤근	聚취
衆중	故고	十십	生생	勤근	修수	一일
生생	不불	力력	受수	修수	知지	切체
心심	退퇴	勤근	苦고	知지	諸제	功공
故고	法법	修수	無무	諸제	衆중	德덕
是시	輪륜	了료	疲피	法법	生생	無무
爲위	勤근	達달	厭염	空공	無무	厭염
十십	修수	無무	故고	普보	自자	倦권
若약	轉전	礙애	覺각	代대	性성	故고
諸제	至지	示시	悟오	一일	故고	大대

사경의 공덕은 십만억 부처님께 공양한 것과 같은 공덕이 있습니다.

廣	嚴	決	決		上	菩
광	엄	결	결		상	보
大	決	定	定	佛	大	薩
대	결	정	정	불	대	살
決	定	解	解	子	智	安
결	정	해	해	자	지	안
定	解	種	何	菩	慧	住
정	해	종	하	보	혜	주
解	出	植	等	薩	勤	此
해	출	식	등	살	근	차
其	生	尊	爲	摩	修	法
기	생	존	위	마	수	법
心	種	重	十	訶		則
심	종	중	십	하		즉
未	種	善	所	薩		得
미	종	선	소	살		득
曾	莊	根	謂	有		如
증	장	근	위	유		여
狹	嚴	故	最	十		來
협	엄	고	최	십		래
劣	故	莊	上	種		無
렬	고	장	상	종		무

사경의 공덕은 십만억 부처님께 공양한 것과 같은 공덕이 있습니다.

隨수	知지	一일	力력	不불	性성	故고
意의	一일	切체	加가	及급	故고	寂적
能능	切체	魔마	持지	故고	普보	滅멸
現현	業업	業업	故고	堪감	徧변	決결
神신	報보	故고	堅견	任임	決결	定정
通통	故고	明명	固고	決결	定정	解해
故고	現현	斷단	決결	定정	解해	能능
紹소	前전	決결	定정	解해	發발	入입
隆륭	決결	定정	解해	能능	心심	甚심
決결	定정	解해	摧최	受수	無무	深심
定정	解해	了요	破파	佛불	所소	法법

사경의 공덕은 십만억 부처님께 공양한 것과 같은 공덕이 있습니다.

大方廣佛華嚴經

解一切諸佛所得記故自在決
定解隨諸菩薩意隨所安住此法則得為十種
十如來若無上菩薩決定安住此法則得
決定解知諸菩薩摩訶薩有等為十種
所謂知一切世界入一

大方廣佛華嚴經

界계	切체	知지	虛허	皆개	切체	知지
入입	世세	一일	空공	悉실	世세	一일
一일	界계	切체	知지	周주	界계	世세
衆중	入입	世세	一일	徧변	一일	界계
生생	一일	界계	切체	知지	如여	入입
身신	毛모	菩보	世세	一일	來래	一일
知지	孔공	薩살	界계	切체	身신	切체
一일	知지	充충	具구	世세	一일	世세
切체	一일	滿만	佛불	界계	蓮련	界계
世세	切체	知지	莊장	皆개	華화	知지
界계	世세	一일	嚴엄	如여	座좌	一일

사경의 공덕은 십만억 부처님께 공양한 것과 같은 공덕이 있습니다.

	決결	法법	喜희	令영	周주	一일
佛불	定정	則즉	是시	諸제	徧변	佛불
子자	解해	得득	爲위	衆중	知지	菩보
菩보		如여	十십	生생	一일	提리
薩살		來래	若약	各각	切체	樹수
摩마		無무	諸제	別별	世세	一일
訶하		上상	菩보	了료	界계	佛불
薩살		佛불	薩살	知지	一일	道도
有유		刹찰	安안	心심	音음	場량
十십		廣광	住주	生생	普보	皆개
種종		大대	此차	歡환	徧변	悉실

사경의 공덕은 십만억 부처님께 공양한 것과 같은 공덕이 있습니다.

衆 중	來 래	薩 살	生 생	實 실	所 소	決 결
生 생	藏 장	身 신	身 신	知 지	謂 위	定 정
界 계	知 지	知 지	知 지	一 일	知 지	解 해
知 지	一 일	一 일	一 일	切 체	一 일	知 지
一 일	衆 중	切 체	切 체	衆 중	切 체	衆 중
切 체	生 생	衆 중	衆 중	生 생	衆 중	生 생
衆 중	身 신	生 생	生 생	界 계	生 생	界 계
生 생	普 보	界 계	界 계	悉 실	界 계	何 하
界 계	入 입	悉 실	悉 실	入 입	本 본	等 등
悉 실	一 일	入 입	入 입	一 일	性 성	爲 위
堪 감	切 체	如 여	菩 보	衆 중	無 무	十 십

사경의 공덕은 십만억 부처님께 공양한 것과 같은 공덕이 있습니다.

來래	嚴엄	切체	現현	知지	隨수	爲위
相상	身신	衆중	聲성	一일	其기	諸제
好호	知지	生생	聞문	切체	所소	佛불
寂적	一일	界계	獨독	衆중	欲욕	法법
靜정	切체	爲위	覺각	生생	爲위	器기
威위	衆중	現현	寂적	界계	現현	知지
儀의	生생	菩보	靜정	隨수	釋석	一일
開개	界계	薩살	威위	其기	梵범	切체
悟오	爲위	功공	儀의	所소	護호	衆중
衆중	現현	德덕	知지	欲욕	世세	生생
生생	如여	莊장	一일	爲위	身신	界계

사경의 공덕은 십만억 부처님께 공양한 것과 같은 공덕이 있습니다.

大方廣佛華嚴經 110

是爲十若諸菩薩安住此法 則得如來無上大威力決定解

사경의 공덕은 십만억 부처님께 공양한 것과 같은 공덕이 있습니다.

發 願 文

귀의 삼보하옵고
거룩하신 부처님께 발원하옵나이다.

주 소 : _____

전 화 : _____ 불명 : _____ 성 명 : _____

불기 25 _____년 _____월 _____일